Gordofobia

Primera edición abril 2025

© del texto Adriana Torres
© Revista Contexto, S.L.

Editorial Escritos Contextatarios
Colección CTXT / Mini

Directores de la colección: Ignacio Echevarría y Miguel Mora
Edición del texto: Vanesa Jiménez

Maquetación de la colección: Ignacio Rubio

Revista Contexto SL
info@ctxt.es
www.ctxt.es

ISBN: 978-84-127996-9-9
DL: M-9648-2025

Impreso por Quares

Adriana Torres

GORDOFOBIA
Otra herramienta de dominación

ctxt
Colección Mini de **Escritos Contextatarios**

Índice

La talla 38
me aprieta el chocho.

(conocido lema reivindicativo que suele aparecer
pintarrajeado con espray sobre los escaparates
de los comercios de *fast fashion*)

Hace unos años me detectaron una enfermedad
crónica que precisa controles periódicos. Nada importante. Hago vida normal. Cada cierto tiempo
me dejo caer por la consulta del especialista. Una
vez allí, antes de pasar con el médico, una enfer-
mera te lleva a una sala en la que te toman algunas
constantes vitales y te hacen subir a una báscula.
Me mantengo siempre ajena al ritual y pienso en
mis cosas mientras ellas hacen su trabajo. Pero en
la última visita sucedió algo inesperado que me
obligó a salir de mi ensimismamiento. La auxiliar
me pesó, comparó la última cifra registrada en su
base de datos y exclamó muy preocupada: «¡Has subido de peso!». Yo protesté de inmediato e intenté
razonar, casi como si estuviera defendiéndome de

una acusación muy grave en un juicio sumarísimo. Pero ella, apretando los dientes con enfado, tomó nota del peso en un cuadernito con un rotulador rojo, encerró la cifra del oprobio entre abundantes signos de exclamación y se fue directa a entregárselo al médico sin contestarme. Unos minutos después me senté en la silla frente al doctor bastante ceñuda. «La auxiliar dice que he subido de peso, pero no me dice cuánto», le espeté a bocajarro, sin preguntar siquiera por mis últimas analíticas. Él reprimió un bostezo antes de consultar en su ordenador y respondió distraído: «Hay una diferencia de mil doscientos gramos desde la última vez que nos vimos». Sin embargo, yo estaba enloquecida: «La última vez que nos vimos fue en verano, llevaba ropa mucho más ligera que ahora, ¿no será por eso que la báscula marca más?…». Tajante, el médico no me dejó terminar. «Tu peso no tiene ninguna influencia en el control de tu enfermedad y no me preocupa lo más mínimo. Vamos a centrarnos en cómo han salido tus últimas pruebas».

Aquel suceso me dio muchísimo en qué pensar. Si mi peso no tenía la menor relevancia clínica y el supuesto aumento ni siquiera era significativo (en un adulto sano son normales las oscilaciones de hasta dos kilos en un periodo de veinticuatro horas, causadas, por ejemplo, por la retención de líquidos, los últimos alimentos ingeridos o cualquier otro factor temporal), ¿por qué la sanitaria que me atendió me había regañado tanto? ¿Por qué yo me sentía tan mal, por qué había tenido la necesidad de defenderme, de buscar motivos que justificaran una presunta ganancia de peso? Y sobre todo: si de verdad hubiera engordado, entendiéndose como engordar el hecho de haber ganado un kilo de masa grasa, ¿era eso tan grave?

Ahora sé que no era grave, pero no parece posible pensar en engordar, adelgazar o tan solo en comer como sucesos neutrales y distanciarse de ellos sin adjudicarles una valoración moral que parece gestarse en nuestras más hondas entrañas.

Pienso en la jefa pija que tuve hace años, que me advirtió una mañana, con mucho cariño, de que desayunaba demasiado *demasiado* antes de ponerme a trabajar. «Tienes que tener cuidado con estas cosas», me explicó, «o pronto engordarás». En aquella época ella solo tomaba un té sin azúcar y un yogur descremado antes de recorrer en bici los veinticinco kilómetros que separaban su casa del trabajo. «¿Pero no tienes hambre?», le pregunté aquel día con descaro, «¿no te encuentras débil tras unas horas, no te dan sudores fríos y mareos?». «Sí, por supuesto, eso a veces es inevitable», respondió, con el mismo aire satisfecho de una santa que acude al martirio orgullosa tras haber rechazado las peores tentaciones diabólicas.

Pienso en la otra jefa pija que tenía siempre la nevera vacía, salvo por varias hileras de carísimos zumos *detox* de colores exóticos. «Son muy buenos, contienen todos los nutrientes que necesitas para sentirte saciada y mantenerte saludable», me contó, feliz de haber encontrado un método confiable para no tener que hacer algo tan fastidioso como alimentarse. Recuerdo leer a escondidas la primorosa etiqueta de cada envase. Solo contenían agua y el azúcar de la propia fruta exprimida. Nada más.

Pienso en aquel trabajo en el que una compañera trajo un abundante ágape para festejar su cumpleaños. Pienso en el esmero con el que extendió sobre la mesa dos gruesas tortillas caseras, varios platos de jamón ibérico, pan para acompañar, algunos picoteos y, por supuesto, una tarta. Recuerdo que, durante el transcurso de la comida, la conversación —éramos todas mujeres— se centró única y exclusivamente en lo que cada una de ellas tendría que hacer después para *bajar* todas aquellas calorías extra, sobre todo la propia cumpleañera. Doble sesión de gimnasio, acostarse sin cenar, iniciar una nueva dieta el próximo lunes… la lista era interminable, cada una tenía su propio sistema. Yo me limité a mascullar que estaba todo muy rico y no participé en aquel ceremonial autoinculpatorio. Sé que me despreciaron por eso, sé que probablemente lo interpretaron como una señal de arrogancia. Si ni siquiera era la mujer más delgada de aquel grupo, ¿cómo me atrevía a no disculparme por existir, por nutrirme, por disfrutar de la comida?

Las cifras
y un par de anécdotas

Las cifras

En la década transcurrida entre 1998 y 2008 se produjo un aumento del 761% en todo el mundo en los procedimientos quirúrgicos llevados a cabo para tratar la obesidad; por lo general cirugías bariátricas, que consisten en eliminar diferentes partes del sistema digestivo del paciente para provocar una pérdida de peso a través de la desnutrición irreversible que se genera. En España, en el año 2021, se llevaron a cabo 11.581 procedimientos de este tipo. Todas las estimaciones apuntan a que durante los próximos años las cifras van a seguir creciendo.

En 2017, la FDA (Food and Drug Administration, en español Administración de Medicamentos y

Alimentos) aprobó la semaglutida (un medicamento más conocido por su nombre comercial, Ozempic) para el tratamiento de la diabetes tipo 2 en personas con obesidad. Dos años más tarde se empezó a comercializar en nuestro país. Sin embargo, a partir de 2022 su uso se popularizó de manera masiva en todo el mundo por sus efectos adelgazantes en personas sanas (que solo se mantienen mientras el paciente se inyecte de manera regular la medicación), lo que ha llevado a problemas continuados de desabastecimiento. La semaglutida actúa induciendo cambios en el metabolismo de la glucosa y provoca una fuerte sensación de saciedad que elimina el apetito. Entre sus efectos secundarios más habituales se habla de náuseas, diarreas y malestar estomacal, pero también puede provocar problemas muy serios como hipoglucemia, gastroparesia, pancreatitis o problemas biliares. Dado que en nuestro país la Seguridad Social solo cubre el uso del medicamento como tratamiento antidiabético, aquellas personas que desean usarlo para adelgazar tienen que sufragar de su bolsillo el coste íntegro, que asciende a unos trescientos euros mensuales.

Una búsqueda de un par de clics permite encontrar una reseña que aúna más de treinta libros sobre dietas y nutrición populares en español, todos de publicación muy reciente. El nicho de mercado parece inagotable y todos los enfoques dietéticos han encontrado su público: desde comer *comida real* (con independencia de qué demonios significa eso, puesto que el principal ideólogo de este movimiento se está haciendo de oro tras poner en venta su propia marca de ultraprocesados en los supermercados), comer comida para potenciar la fertilidad, para alimentar a la microbiota o para desinflamarse. Hay un libro que promete hacer perder solo la grasa de la barriga (pese a que eso no es posible: son nuestra genética y hormonas las que determinan la distribución de los depósitos de grasa por el cuerpo) y, sobre todo, montones de manuales con trucos para mantenerse a dieta de por vida sin que parezca que una está a dieta.

Pero la cuestión se extiende mucho más allá de las editoriales: encontramos treinta y siete millones de publicaciones en Instagram etiquetadas con el *hashtag* #dieta y varios cientos de miles con el *hashtag* #ozempic. En la red social TikTok se pueden encontrar con un solo clic docenas de videotutoriales con explicaciones sobre cómo inyectarse la semaglutida uno mismo y qué esperar durante el tratamiento, desde los efectos secundarios hasta la evolución de la pérdida de peso.

Según la Asociación TCA Aragón (TCA: Trastorno de la Conducta Alimentaria), alrededor de 400.000 personas en España padecen algún trastorno de la conducta alimentaria (y de estas, 300.000 son personas muy jóvenes de entre doce y veinticuatro años, que en algunos casos ni siquiera han terminado de crecer y desarrollarse). Los TCA son las enfermedades mentales con mayor índice de mortalidad, según indican. La edad de debut ha disminuido hasta los doce años y medio. El 90% de las afectadas son mujeres, pero es importante destacar que las cifras reales podrían ser diferentes o mayores, porque muchos TCA no llegan a detectarse ni diagnosticarse nunca.

Una encuesta llevada a cabo por la Sociedad Española de Obesidad en 2023 reveló que el 40% de los encuestados creían que la obesidad está causada por un problema de «falta de voluntad». El 70% de ellos aseguraba que para eliminar el sobrepeso es suficiente con comer menos y hacer más ejercicio. Tres cuartas partes de los participantes estaban de acuerdo en que las personas con sobrepeso sufren discriminación. Un 25% declaraba que nunca votaría a un político gordo, y un tercio de ese porcentaje no concebía la posibilidad de enamorarse de una persona con obesidad.

El pasado 4 de marzo de 2022, hasta entonces día Mundial de la Obesidad, un grupo de ciento ochenta activistas y colectivos contra la gordofobia decidió unirse para lanzar un manifiesto y reivindicar la necesidad de luchar contra esta forma de discriminación. Las y los firmantes hacían hincapié en el hecho de que la obesidad se diagnostica, todavía hoy, a través del índice de masa corporal (IMC). «La fórmula del cálculo IMC (IMC = masa / estatura^2)», prosiguen, «fue inventada por Adolphe Quetelet, un matemático belga nacido en 1796 que buscaba las medidas perfectas para el hombre cis blanco europeo adulto. A pesar de esto, se utiliza también en mujeres, personas no binarias o sin género, personas de todas las razas, y también en menores». Por ello, concluyen, «el IMC es un indicador con un bagaje clasista, racista, androcentrista, cisexista y eugenésico». Además, añaden, «en el año 1998, el Instituto Nacional de Salud de los Estados Unidos cambió los criterios que definían, en base al IMC, cuál era el 'peso saludable' (que a veces también se llama normopeso) y cuándo empezaba el 'sobrepeso'». Este cambio en la línea de corte se usó para que las compañías aseguradoras pudieran sacar mayor beneficio económico, puesto que, tras este cambio de criterio, de la noche a la mañana 29 millones de personas en Estados Unidos pasaron a ser diagnosticadas con sobrepeso. Todavía en la actualidad, la literatura médica entiende por normopeso aquel índice de masa corporal o IMC que, tras efectuar el cálculo anteriormente explicado, arroje un resultado de entre 18,5 y 24,9, sin tener en cuenta otros factores, como la masa muscular, el género o la edad del paciente.

Y *las anécdotas*

Cuando el 31 de diciembre de 2024 la popular cómica Lalachus apareció como copresentadora del programa de Nochevieja junto a David Broncano, las redes sociales se llenaron de insultos gordófobos contra ella.

La waterpolista Paula Leitón, medalla de oro en los Juegos Olímpicos de París, lleva desde agosto de 2024 dando profusas explicaciones sobre el tamaño de su cuerpo. Ni siquiera haber alcanzado el máximo reconocimiento al que puede aspirar una atleta la ha salvado de ver cómo se ponían en entredicho su salud y su forma física.

¿Cómo hemos llegado a esto?

Activismo gordo contra la cultura de la dieta

El activismo gordo no es un movimiento reciente, aunque su alcance y difusión ha crecido en los últimos años. Según una noticia que todavía se puede consultar en la hemeroteca de *The New York Times*, en junio de 1967 quinientas personas se reunieron en Central Park (Nueva York, EEUU) para protestar contra la gordofobia. Uno de los primeros referentes en España fue la filósofa de origen uruguayo Magdalena Piñeyro, cuyo activismo en las redes sociales se remonta a hace más de una década. En la órbita hispanohablante contamos con voces como las de la nutricionista mexicana Raquel Lobatón, que se presenta como «nutricionista incluyente». Y algunos filósofos como José Luis Moreno Pestaña han empezado a investigar la relación entre normatividad corporal y trastornos de la conducta alimentaria.

Las madrileñas Cristina de Tena y Lara Gil son las fundadoras del proyecto «Nadie hablará de nosotras», que incluye un *podcast* y un *show* musical dedicados de manera íntegra al activismo gordo. Hablamos con ellas para que nos ayuden a entender qué está pasando. «La gordofobia es el rechazo, el odio y la discriminación hacia las personas gordas y hacia la gordura en general. Eso se traduce en todo tipo de violencias: patologización, ridiculización, marginación, etc. La gordofobia violenta en especial a las personas gordas, pero las personas delgadas también la sufren, aunque sea desde otro eje, porque igualmente viven con el miedo a engordar. Al final impacta sobre todos los cuerpos, aunque produce repercusiones diferentes en cada caso. Y es una forma de odio muy perversa, porque se disfraza de preocupación por la salud».

«El término *dieta* aludía a la manera de comer y de nutrirnos, pero la cultura de la dieta nos ha robado ese significado y ahora nos referimos por *dieta* a todo tipo de restricciones alimentarias. En nuestra sociedad y en nuestro entorno esa cultura de dieta se vive casi como una religión». Así lo define Melyssa Chang, nutricionista especializada en alimentación intuitiva y autora del libro *Come sin culpa* (2023). «Este sistema de creencias impone la idea de que la única forma de tener salud es a través de la delgadez. Además, demoniza la manera en la que comen algunas personas». Por su parte, Laura Alberola, psicóloga sanitaria especializada en el tratamiento de los trastornos de la conducta alimentaria y autora de *Suelta la dieta, sana tu cuerpo* (2024), coincide con esa definición: «La construcción social de la belleza cambia con el tiempo, pero siempre busca venderte algo nuevo. La cultura de la dieta perjudica a todo el mundo, pero las mujeres nos llevamos la peor parte». Chang lo corrobora: «Antes el 98% de las afectadas eran mujeres, ahora son más o menos el 90%».

Cristina de Tena brinda una explicación sobre el origen de la gordofobia elaborada desde la antropología: «Me interesa el proyecto colonial corporal que propugnan las compañeras antirracistas. Lo que ellas vienen a decir es que todas las opresiones que sufrimos a día de hoy, desde el capitalismo hasta la LGTBIfobia, suceden a partir del colonialismo. Porque el colonialismo, que supone la invasión y el saqueo de los territorios, es una violencia legitimada en que hay unos cuerpos que saben más que otros, al principio cuerpos blancos que van a salvar a los cuerpos negros. Es decir: hay vidas que valen más que otras. Y esa excusa se mantiene hasta hoy. Nos relacionamos bajo la premisa de que unos cuerpos son mejores, más valiosos. Estas teóricas del colonialismo denominan a esos cuerpos válidos como 'cuerpos cultura' en contraposición a los otros, a los que llaman 'cuerpos naturaleza', que vendrían a ser los salvajes, los irracionales, los que están por civilizar. Y esta manera de pensar se extiende a otras opresiones. Lo podemos ver en el caso de los ricos ('cuerpos cultura'), que son los que saben gestionar el dinero, mientras los pobres ('naturaleza') no tenemos ese conocimiento. O las mujeres, tildadas de histéricas e irracionales frente a los varones. Y, por supuesto, los cuerpos delgados en nuestros días son 'cuerpos cultura' que están legitimados para violentar y dominar a los cuerpos gordos, para civilizarlos». Y aclara: «Es importante señalar que la gordofobia es un sistema de opresión en sí mismo, que cristaliza con la llegada de los medios de comunicación. Por supuesto que si además eres mujer, negra, pobre, migrante, LGBTI, etc. vas a sufrir aún más discriminaciones porque te atraviesan más interseccionalidades, pero solo por el hecho de estar gordo ya recibes violencia».

Muchísima gente está a dieta sin saberlo

La cultura de la dieta, derivada de ese miedo permanente a engordar y, en consecuencia, ser objeto de discriminación ha permeado tanto y de manera tan profunda en nuestra manera de relacionarnos con la comida que muchísima gente sigue una dieta sin ni siquiera ser del todo consciente de ello. No nos referimos, por supuesto, a las personas que legítimamente deben abstenerse de un cierto alimento o nutriente por causa de una alergia o una intolerancia. Lo desarrolla Chang: «A veces vamos a un nutricionista y no nos pone un plan de menús estricto, pero aun así nos encontramos con una lista más o menos extensa de alimentos permitidos y alimentos que deben restringirse, o tenemos que contar calorías y calcular macros, o, para motivarnos, se nos permite hacer una comida semanal libre, lo que se suele conocer como *cheat meal* o comida trampa. Eso es hacer dieta», remarca.

Las diferentes recomendaciones de restricciones alimentarias parecen funcionar a través de ciclos similares a los que emplea la industria de la moda. Lo corrobora Chang: «Cada año podemos ver cómo aparece una dieta nueva. Se pone de moda, por ejemplo, la dieta keto o cetogénica, en la que restringimos muchísimo la ingesta de carbohidratos. Pero como eso tiene una adherencia muy difícil y no se puede mantener en el tiempo, cambiamos a otra que permita una cierta cantidad de carbohidratos, aunque restringe otros nutrientes, y así en ciclos sucesivos. Es todo *marketing* para poder seguir vendiendo restricciones alimentarias con diferente nombre».

La cultura de la dieta tiene consecuencias graves para la salud física y mental

Todas estas restricciones alimentarias, legitimadas a través de la cultura de la dieta, están lejos de ser inocuas. Entre algunas de las consecuencias psicológicas que conocemos, Chang menciona la aparición de los atracones y el aumento de la obsesión por la comida. Después de todo, el hambre es una manifestación del instinto de supervivencia, así que no es tan sencillo soslayarla sin más. «Sabemos que las dietas provocan sensación de fracaso, de tristeza, porque la persona siente que no tiene disciplina o fuerza de voluntad. Aparecen pensamientos negativos y de preocupación hacia el peso corporal. Y, por supuesto, agravan el aislamiento social». En cuanto a las consecuencias en la salud física, «se produce una disminución del metabolismo de la persona, puede aparecer malnutrición, pérdida de cabello, sequedad de la piel, fluctuaciones en los niveles de azúcar en sangre, cansancio. Y lo más preocupante: una desconexión de las señales naturales de hambre y saciedad. La persona deja de saber de manera intuitiva cuándo necesita comer y cuándo puede parar de hacerlo». Alberola coincide: «Hacer dieta nunca te va a traer nada bueno. Es iniciar un proceso que busca ir contra la propia naturaleza de tu cuerpo, es como si quisieras restringir el número de respiraciones que haces o el número de veces que vas a orinar al día. No tiene sentido. Nuestro cuerpo ha elaborado mecanismos durante millones de años de evolución para avisarnos de cuándo, cuánto y cómo necesitamos comer. Si nunca has hecho dietas y estás en sintonía con tu cuerpo, tú sabes qué comer en cada momento, sabes si necesitas pan o necesitas fruta o carne». Melyssa Chang alerta de que el proceso es muy rápido: «Sabemos que ya en la adolescencia muchos jóvenes tienen esas señales de hambre y saciedad apagadas porque los padres han estado controlando la alimentación de los niños, eso típico de 'acábate el plato' o 'de esto no puedes comer'».

Y así es cómo pueden llegar a aparecer los trastornos de la conducta alimentaria.

Las dietas no funcionan, pero la obsesión puede desencadenar un trastorno

Uno de los factores precipitantes para desarrollar un TCA es iniciar una dieta, explica Laura Alberola. No todo el que empieza una dieta termina con un trastorno, por supuesto, pero los pacientes de TCA empezaron, en su mayoría, restringiendo alimentos para tratar de perder peso.

Marco Manrique tiene treinta y siete años, es paciente de bulimia nerviosa no purgativa y secretario de ACLAFEBA (Asociación Castellano-Leonesa de Ayuda a Familiares y Enfermos de Bulimia y Anorexia). Manrique realiza a veces actividades de concienciación y sensibilización sobre los TCA. «No recuerdo un momento exacto en el que se desencadenara el trastorno, fueron pasitos que me llevaron hacia él desde que era muy pequeño. Pero para mí tiene relación con la gordofobia. Desde tercero o cuarto de primaria yo ya me sentía gordo. Era un niño con un peso normal, pero estaba convencido de que tenía que adelgazar. Empecé a hacer dietas. Y como las dietas no funcionan, mi temor se convirtió en realidad y engordé. Cuanto más engordaba, más cosas hacía para intentar perder peso. Fui a dietistas, al médico, a una clínica o incluso a un hipnotizador. Lo intenté también con un psicólogo, pero no funcionó. No supo detectar ni diagnosticar lo que me ocurría, pese a que me sinceré con él y le expliqué todo; le dije: 'mi problema es que hago dietas, y pierdo peso, pero las dietas me provocan muchísima ansiedad, entonces necesito comer, me doy atracones y recupero todo el peso perdido, así que vuelvo a hacer ayunos'. Le había definido al psicólogo un TCA de manual. Yo era consciente de que tenía una relación muy mala con la comida, pero no pensé que tuviera un trastorno, porque mi perfil (un varón de treinta años) no me cuadraba con los estereotipos que erróneamente asociamos a este tipo de pacientes. Al final, di con ACLAFEBA y el psiquiatra me diagnosticó. La sanidad pública, por desgracia, no está preparada para atendernos de manera razonable, por eso existen este tipo de asociaciones. Nadie quiere tener un trastorno, pero el diagnóstico fue liberador, porque entendí al fin que si no adelgazaba no era por mi culpa, y ese fue el punto de partida para empezar a recuperarme. Tendemos a decirnos cosas muy feas a nosotros mismos por no poder adelgazar: que somos vagos, indisciplinados, que carecemos de fuerza de voluntad. A veces pienso que si no me hubieran bombardeado con los mensajes de 'hay que adelgazar' o 'hay que tener este tipo de cuerpo concreto' quizá yo nunca hubiera engordado».

¿Cómo pudo engordar Manrique si pasó a dieta la mayor parte de su vida e intentó perder peso de todas las maneras posibles? La nutricionista Melyssa Chang da algunas claves: «No conozco a ninguna persona que, tras haber perdido peso con una dieta, haya podido mantener esa pérdida durante los años siguientes sin limitar muchísimo su vida social y sin tener secuelas físicas o mentales. Hay que dejar de decir que tal o cual dieta funciona si a los cinco años todo el mundo ha recuperado el peso perdido, y el que no lo ha recuperado ha desarrollado un trastorno de la conducta alimentaria». La psicóloga Laura Alberola lo ve parecido: «Si las dietas funcionaran no habría nadie gordo. Pero siempre que se hacen estudios y seguimiento a los pacientes a lo largo de los años, se comprueba que no funcionan, la gente recupera el peso perdido».

Una cuestión clave para entender por qué
las dietas son ineficaces: el termómetro
interno del peso

Un factor que juega un papel crucial para entender esto es lo que Chang llama el «peso predeterminado» (conocido en inglés como *set point theory*). «Para entendernos, el peso predeterminado es una especie de *termómetro interno* que busca mantener nuestro peso dentro del rango que nuestro cuerpo considera saludable. En el caso de la temperatura, sabemos que nuestro cuerpo trabaja todo el tiempo para mantenerla estable en el rango exacto en el que el organismo funciona, porque si tenemos fiebre o tenemos hipotermia no vamos a funcionar bien. Pues bien, ese *termómetro interno* de nuestro peso tiende a desajustarse, por ejemplo, al hacer dieta y sufrir fluctuaciones de peso bruscas. Si yo tengo un peso predeterminado de 70 kilos, y adelgazo hasta quedarme en 50, lo que va a hacer mi cuerpo es subir el peso predeterminado a 75 kilos para poder luchar contra lo que le hago pasar. Mi organismo activará todas las señales de alarma y empezará a pedirme comida a todas horas, nunca me sentiré saciada. Al mismo tiempo, el metabolismo disminuirá porque el cuerpo evitará malgastar energía. Si estamos siguiendo, por ejemplo, una dieta alta en proteínas, el organismo se las arreglará para almacenarlas como depósitos de grasa. Son mecanismos de defensa para luchar contra la hambruna. Por eso las dietas, entendidas como diferentes estrategias de restricción alimentaria nunca funcionan».

Esas restricciones provocan también que nos terminemos «saltando la dieta» por puro instinto de supervivencia, como explica Alberola: «Es natural, porque tu cuerpo está diseñado para ayudarte a sobrevivir, no para estar a dieta». Pero, cuando esto pasa, tendemos a interpretar esa *transgresión*, producto de la inanición, como una falta: «Aparece la culpabilidad y entonces pueden surgir las conductas compensatorias. Para algunos eso se traduce en salir a correr una hora, para quemar esas calorías extra. Pero a otros a lo mejor no les gusta el ejercicio, o no tienen energía en ese momento para hacerlo, y deciden recurrir a los ayunos, a los laxantes o a vomitar. En algunas ocasiones esto se hace con la intención de autolesionarse, de hacerse daño. No es lo mismo salir a correr por el campo por disfrute personal que salir a hacerlo porque me han dicho que tengo que perder peso». Chang coincide: «Hay que preguntarse, al ejercitarnos, si hemos equilibrado la cantidad de ejercicio que hacemos con lo que comemos, porque de lo contrario no tardaremos en enfermar».

Tanto Manrique, desde su punto de vista como paciente, como Alberola, desde su experiencia como psicóloga, coinciden en destacar que uno de los pocos estereotipos ciertos acerca de los pacientes de TCA es la tendencia a mostrar una personalidad perfeccionista y dicotómica. «Somos personas con unos rasgos de la personalidad que te llevan muchas veces a decir 'o todo o nada'. Entonces, si el resto de las cosas que hay a tu alrededor te están empujando hacia el TCA, esta forma de ser te facilitará desarrollarlo».

Este parece ser, sin embargo, uno de los pocos rasgos comunes a los pacientes de TCA, que por lo demás, y es importante aclarar esto, pueden padecer un trastorno con independencia de su edad, género, clase social, profesión o tipo de cuerpo.

Superar la cultura de la dieta y recuperarse de un trastorno de la conducta alimentaria

Para abordar el problema es necesario romper con ese ciclo de restricciones alimentarias y sentimientos de culpa. El peso predeterminado puede volver a ajustarse con el tiempo a los parámetros anteriores al inicio de las dietas, aunque el objetivo principal tiene que ser recuperar la salud física y mental. «En el caso de las personas que han hecho muchas dietas a lo largo de su vida, es muy importante volver a nutrir su cuerpo correctamente para que, poco a poco, el peso predeterminado se reajuste por sí mismo. Trabajamos enseñándoles unas bases de nutrición para asegurarnos de que reciban todos los nutrientes, vitaminas y minerales, con el fin de que su organismo interprete que por fin están saliendo de ese periodo de hambruna. A muchas de mis pacientes les aterroriza volver a alimentarse bien», explica Melyssa Chang.

Las personas con este tipo de trastorno «no van a recuperarse hasta que ellas no quieran», explica Manrique. «Llevarles a rastras al psiquiatra suele ser inútil. Lo que puedes hacer es decirles que vas a estar ahí para apoyarles en el momento en que decidan dar el paso. Y no siempre es fácil; a veces una persona con un TCA no es muy amigable, tolera mal las críticas y los comentarios y se pone a la defensiva enseguida».

Él sigue trabajando en la actualidad en su recuperación. «Hago terapia con mi psicóloga, con mi nutricionista y de vez en cuando con mi psiquiatra. Y todas las semanas tenemos terapia de grupo, que nos ayuda muchísimo, porque compartir tu experiencia con otras personas te permite darte cuenta de que no eres raro, no eres un perro verde. Además, viene muy bien fijarte en la gente que está más recuperada que tú, y servir también de inspiración para los que acaban de empezar en su proceso».

Uno de los mitos muy arraigados en torno a los TCA es que su curación se produce cuando el paciente alcanza el normopeso, pero esto es falso.

«Lo fundamental es establecer una relación sana con la comida y con la alimentación. Y por supuesto, desarrollar una buena autoestima y abandonar los pensamientos que te llevaron al trastorno», enumera Manrique. «Me parece muy importante señalar que los TCA se pueden curar al 100%. A veces se dice que siempre nos va a quedar un resquicio, una vocecita en tu cabeza, pero eso no es así. Si existe una curación completa, esa vocecita desaparece. Si todavía tienes pensamientos intrusivos o negativos con respecto a tu cuerpo, a tu imagen o a la comida, aunque estés en normopeso, no estás recuperado. El camino de la recuperación puede ser largo y tedioso, pero la recuperación completa existe. Yo he conseguido estar mucho mejor. Estoy muy bien, de hecho».

Un enfoque eficaz y sanador:
la alimentación intuitiva

El término «alimentación intuitiva» fue acuñado en la década de los noventa por las nutricionistas estadounidenses Evelyn Tribole y Elyse Resch, que hablaron de este proceso por primera vez en una revista científica. En el año 1995 publicaron un libro —reeditado y ampliado en 2012 y más tarde traducido al español— en el que recogen su extensa experiencia profesional tras tratar a muchísimos pacientes con el foco en su salud física y mental en lugar de en su peso. Melyssa Chang emplea este sistema con sus pacientes para ayudarles a superar sus miedos: «La alimentación intuitiva no es una dieta, sino un proceso de aprendizaje a través de diez principios que busca reconectar con tus señales innatas de hambre y saciedad. No se pautan alimentos prohibidos y permitidos, ni hacemos de policías de la alimentación».

¿Y qué ocurre con la gente que come *en exceso* por puro placer? ¿No es eso algo que debería revisarse y evitarse? «Hablar de 'hambre emocional' como algo diferente del 'hambre física' es una pretensión inútil de desligar la emoción de nuestra existencia. Si voy a tomarme unos churros a la churrería a la que iba con mi abuela y me acuerdo de ella, ese hambre también es emocional. Y no tiene nada de malo. Y si yo he tenido un día triste, puede que lo que me anime sea salir de fiesta con una amiga, pero a lo mejor en ese momento lo que me reconforta es tomarme un helado debajo de una manta. ¿Por qué pensamos que ese helado es malo, si me está consolando y me hace sentir bien?», explica Laura Alberola. La nutricionista Chang tampoco lo ve mal: «El hambre emocional no es ningún problema siempre que tengas herramientas de gestión emocional que no sean solo comer. A veces nuestra sensación de hambre puede venir de un enfado, de la ansiedad o incluso del simple aburrimiento. También es más probable que aparezca si hemos restringido alimentos. Y no pasa nada por ponerse a comer en esas situaciones, no hace falta que te tomes dos vasos de agua para suprimir esa apetencia. Se puede comer simplemente porque nos apetece. Solo es un problema si esa persona no tiene otro consuelo u otro entretenimiento, entonces hay que trabajarlo porque sí que puede suponer una limitación en su vida».

El sobrepeso no es un problema de salud en sí mismo. La gordofobia médica, sí

«A base de escucharlo por todas partes, hemos interiorizado que si comes menos adelgazas, y si comes más, engordas, pero la cuestión es muchísimo más compleja. La nutrición solo ocupa entre un 20% y un 25% de lo que va a determinar tu peso y tu salud. Ambas cosas: el peso y la salud. Nuestra genética, por ejemplo, afecta muchísimo a nuestro peso corporal», explica Chang. «Yo a veces le digo a la gente: 'Mira cómo es tu abuela o cómo es tu madre, ¿tú crees que vas a poder pesar 40 kilos menos que ellas y tener salud?'. Igual que hay personas negras o blancas o rubias, hay personas gordas o delgadas: porque son así. Y además de la genética hay muchísimos otros factores que determinan el peso de una persona, incluso cosas como si has nacido por cesárea, si has recibido lactancia natural, qué tipo de comida te ofrecían de pequeña, qué tipo de comida tienes disponible ahora o la contaminación ambiental en la ciudad en la que vives. Por eso no es tan simple como hacer un balance entre las calorías que entran y las que salen, que es a lo que se suele reducir».

¿Y el estado de salud de una persona? ¿No es el sobrepeso un indicador de un problema de salud subyacente al que se debe prestar atención? A menudo, si queremos justificar a alguien por cometer la *inmoralidad* de estar gordo, lo hacemos culpando a alguna enfermedad, como el hipotiroidismo, por ejemplo, que tiende a provocar aumentos de peso. Pero no siempre es así. Lo explica Chang: «Tú puedes estar completamente sana, alimentarte de manera saludable y aun así no cumplir ni con los estándares de belleza ni con los que dice el IMC, un marcador que además es muy inexacto y no se debe utilizar». Respecto a los problemas que plantea el índice de masa corporal como criterio diagnóstico explica: «Es muy complicado cambiar los protocolos médicos, aunque cada vez más profesionales sanitarios saben que el IMC no es un indicador fiable. Yo no lo utilizo nunca, prefiero basarme en parámetros como las analíticas o una simple exploración física para comprobar si puedes levantarte, agacharte y moverte». Además, añade, «me gusta recordar que hay muchas personas delgadas o en normopeso con una salud física y mental nefasta. Lo veo a diario en consulta, sobre todo en chicas con TCA».

Lo que sí sucede, como cada vez denuncian más los propios pacientes, es que las personas con sobrepeso evitan acudir al médico porque son juzgadas con dureza por los profesionales que deberían tratarlas. Melyssa Chang lo explica: «Una persona puede tener hipertensión por causa genética, o por haber llevado una vida poco saludable, pero si esa persona tiene sobrepeso, se le va a decir que la hipertensión es por causa de su sobrepeso. No se investiga más. Y sabemos desde hace mucho que las personas con sobrepeso tienen pánico de acudir al médico y evitan hacerlo, lo cual agrava cualquier problema de salud que tengan. Así que no está tan claro que el sobrepeso cause directamente todos los problemas de salud que se le achacan».

Las expertas Evelyn Tribole y Elyse Resch explican en su libro *Alimentación intuitiva* que «el constante efecto yoyó o pérdida y recuperación del peso a consecuencia de las dietas se denomina 'ciclo del peso' y constituye en sí mismo un factor de riesgo de enfermedades cardiovasculares, inflamación, presión sanguínea alta y resistencia a la insulina, pero rara vez se tiene en cuenta esto en los múltiples estudios a gran escala que asocian el peso con problemas de salud» (p. 81). De esta forma, ese ciclo de subidas y bajadas podría ser el responsable del aumento de la mortalidad que se ha asociado siempre al tamaño del cuerpo. Algunas de las causas que se proponen para explicar este fenómeno podrían tener que ver, por ejemplo, con que muchas de las dietas restrictivas contribuyen al desgaste prematuro del músculo cardiaco, o que las dietas, que no son sino una forma de inanición, pueden cambiar la manera en la que el cuerpo almacena la grasa, pasando a retenerla en la zona abdominal en forma de grasa visceral.

Laura Alberola cree que «a los sanitarios no nos forman, a los sanitarios nos adiestran. A los médicos les inculcan muchísimo la importancia del peso en relación con la salud de sus pacientes y rara vez se lo cuestionan durante su práctica médica. Además, el ego cientificista no suele ser de ayuda. Cuando hice el máster sobre el abordaje de los TCA tuve la suerte de que al menos nos hablaron de los estigmas relacionados con el peso, pero, aun así, siempre nos recordaban que el paciente con sobrepeso es alguien a quien tenemos que ayudar, que algo no está bien en él».

El activismo gordo lleva mucho tiempo denunciando esta forma de discriminación. Como explica Cristina de Tena: «Yo me di cuenta de que existía la gordofobia médica porque yo no he sido gorda siempre. Engordé hacia los veinte años. A partir de ese momento, mi médico me empezó a tratar de forma diferente. Ya no me escuchaba ni me hacía pruebas como antes, solo me decía que tenía que perder peso, que hiciera dieta. Para mí fue impactante. La gordofobia médica es la peor violencia que podemos sufrir, porque cuando tú estás enferma lo único que quieres es curarte, y vas a hacer todo lo que el médico te diga. Hemos visto en nuestros talleres a personas mayores, de setenta u ochenta años, a las que les niegan por ejemplo una prótesis de cadera o de rodilla hasta que adelgacen. Son personas que viven con un dolor constante y no las atienden. También es muy grave la violencia obstétrica, hay mujeres que están a punto de traer un hijo al mundo y su médico se dedica a asustarlas por haber engordado durante el embarazo, o las amenaza con no asistirlas en el parto si cogen más peso». Alberola lo denunciaba en sus redes sociales hace un tiempo: «Se ha descubierto que pesar en consulta a las mujeres embarazadas provoca un gran estrés para la futura madre, por lo que la recomendación es evitarlo siempre que esas mujeres partan de una situación de normopeso, con independencia de su estado de salud. Sin embargo, si la mujer comienza el embarazo con sobrepeso, la recomendación es hacer un seguimiento exhaustivo. Al parecer, en esa situación no les preocupa la ansiedad que esto va a generar».

«Los sanitarios tienen que empezar a escuchar un poco más a los pacientes, porque no puede ser que alguien venga con un problema de salud, que a lo mejor es un dolor de rodilla, y enseguida se le ofrezca un ozempic o una cirugía bariátrica. Estoy en contra de estas técnicas para tratar el sobrepeso», afirma Chang.

Blanca Rodríguez tiene cuarenta y seis años, es traductora de profesión y en la actualidad trabaja en una ONG. Durante algún tiempo hizo activismo contra la gordofobia a través del *podcast Gordo*, que codirigía junto con Amanda Vázquez. Hemos charlado con ella para que nos cuente su experiencia como paciente: «Creo que adolecemos de una gordofobia interiorizada tan fuerte que, al principio, cuando el médico te trata como una mierda, reaccionas sintiéndote culpable porque crees que lo mereces. Lo normalizas. Para mí es un asunto de moralidad. Nos dicen que la obesidad es una enfermedad, pero nos culpan por padecerla. Ningún médico te culpa por sufrir Crohn, ¿no?, pero obesidad sí».

Como suele suceder en estos casos, el proceso de toma de conciencia de Rodríguez fue paulatino: «Recuerdo un incidente que tuvo lugar en 2007. En esa época yo estaba con una nutricionista y había hecho una dieta bastante estricta en la que no tomaba carbohidratos. Estuve prácticamente dos años sin tomarlos. Perdí 35 kilos y ahí me estanqué. Mi dieta era cada vez más restrictiva, pero la aguja de la balanza dejó de moverse. En ese momento tuve un problema en una rodilla y me fui al traumatólogo. Y este, sin mirarme a la cara, sin preguntarme nada sobre mí, me dijo simplemente que tenía que perder peso. Intenté explicarle que había perdido 35 kilos y me soltó 'pues pierde otros 35 más'. Yo ya estaba casi en normopeso en aquel momento. Lo que aquel médico me exigía era que adelgazara hasta enfermar para que él se dignara a atenderme. Ahí detecté el problema por primera vez, el sesgo gordofóbico tan fuerte. Me indignó mucho pensar en todo lo que yo me había esforzado en adelgazar para que él fuera tan injusto conmigo. Sin embargo, en ese momento no atribuí el problema a una causa sistémica, solo pensé que había dado con un mal profesional».

Ahí entran en juego los movimientos sociales y la importancia de hablar, organizarse y compartir vivencias. Nos lo sigue explicando Rodríguez: «Las redes sociales y algunos movimientos como el *body positive* y, sobre todo, el *body neutral* me ayudaron a terminar de despertar. También los nutricionistas no pesocentristas. A la gente le cuesta mucho aceptar que las dietas no funcionan porque es un concepto muy chocante, va en contra de todo lo que te han enseñado. A mí me costó mucho asumirlo, porque piensas que ya no habrá esperanzas para ti, que vas a ser siempre gorda. Y eso es muy duro, porque la sociedad entera te recuerda cada día que ser gorda es el mayor de los fracasos para un ser humano».

Rodríguez comparte con muchos pacientes la sensación de que los sanitarios no han evolucionado en los últimos años. Mientras que en otras áreas y especialidades médicas se pueden encontrar avances continuos, en todo lo relativo al control de peso el enfoque no parece haber cambiado mucho. «Te siguen dando la misma *dieta de la fotocopia* que daban en los noventa con la recomendación de desayunar dos galletas maría. Es de locos. Yo ya no permito que me den esas dietas de 1200 calorías sacadas de un cajón, les digo: 'Estoy haciendo terapia con una psicóloga para tratarme el tema de la conducta alimentaria y no voy a restringir lo que como'. Y claro, ellos te miran con cara de 'pero cómo que no vas a restringir, so gorda'. Cambié de médico y de centro de salud, pero no he dejado de escuchar todo el tiempo que tengo que restringir comidas y hacer mucho ejercicio, con independencia de cuál sea mi problema de salud en ese momento».

En una de las últimas ocasiones, Blanca Rodríguez fue a contarle a su médica que se encontraba muy mal anímicamente. «Cuando le empiezo a explicar a la doctora que, tras haber hablado con mi psicóloga, creo que necesito antidepresivos porque hay días en los que me cuesta muchísimo levantarme de la cama, ella me corta y me dice: 'Bueno, es normal con lo que pesas'. ¡Cómo si la causa de mi abatimiento fuera física o mecánica! Al final le supliqué: 'Por favor, no me juzgues, escúchame como si yo pesara 60 kilos', y conseguí que me recetara medicación, pero no paró de repetirme durante toda la consulta que yo estaba muy a la defensiva».

Con algo más de energía, Rodríguez intenta ahora que le diagnostiquen y traten una probable apnea del sueño, pero vuelve a sentir que se está dando contra un muro. «Soy consciente de que la apnea del sueño mejora con la pérdida de peso, pero incluso aunque empezara a adelgazar como una loca, tardaría mucho tiempo en llegar al normopeso, y yo lo que necesito es una solución ahora, no dentro de dos años. Sin embargo, lo único que me ofrece la médica es que me haga una analítica con *pruebas de gorda*: diabetes, tiroides, etc., temas que no tienen nada que ver con la apnea. Al final, tendré que ir a poner una reclamación. Es muy injusto que las personas gordas tengamos que ir al médico como quien va a la guerra. Tenemos que prepararnos antes de cada visita, crear una estrategia, adelantarnos a los movimientos del enemigo. Mi médica debería estar ahí para ayudarme. Todo esto me genera muchísima ansiedad. Tengo la sensación de que me están castigando, me castigan por ser gorda. Consideran que no merecemos ayuda, solo latigazos. Es un enfoque absolutamente punitivista. No soy la única que ha sufrido con los médicos y sanitarios. Recuerdo una invitada que tuvimos en el *podcast* a la que su doctor le espetó: 'Tú lo que tienes que hacer es coserte la boca'. Al hablar entre nosotros, nos damos cuenta de que, en mayor o menor medida, esto nos afecta a todas las personas con sobrepeso».

La patologización del sobrepeso es una forma más de violencia

Cada vez existe mayor conciencia crítica sobre las intervenciones médicas que patologizan el sobrepeso y proponen controlarlo a través de mecanismos agresivos, como cirugías o fármacos. Las fundadoras de «Nadie hablará de nosotras» suelen denunciarlo en sus charlas y *podcasts*: «Es llamativo que estas técnicas médicas se ofrezcan como medidas preventivas, para evitar los supuestos problemas de salud que se derivan del sobrepeso, y sin embargo sean intervenciones superagresivas, que generan malestar y enfermedades por sí mismas. Nosotras hemos hablado de eugenesia para referirnos a esto. Me dices que voy a estar sana y voy a estar bien y me vendes la mutilación de un órgano, o me ofreces inyectarme un medicamento que me va a provocar náuseas, diarreas y un gran malestar. ¿Eso es estar bien? Deberíamos de ser honestos y decir que el problema es que no nos gustan las personas gordas, que las juzgamos moralmente en función de su tamaño y que tomamos decisiones sobre su salud basándonos en algo tan superficial como es su aspecto físico».

Sobre las cirugías bariátricas hablamos también con Alberola: «Lo que siempre me pregunto como psicóloga es qué está pasando por la cabeza de esa persona para tener que tomar esa decisión, porque no la han tomado de forma libre. Hablamos de gente que a lo mejor ha pedido un crédito para mutilarse una parte del cuerpo y así perder peso. A eso solo se llega tras mucho sufrimiento y mucha opresión. Tengo personas en mi consulta que sufren ahora los efectos secundarios de esos procedimientos, y son muy duros».

También Chang ha tratado a pacientes con el mismo problema desde su consulta de nutricionista: «He visto a gente llorar por la incomodidad tras una cirugía bariátrica. Lo que se está haciendo con esto es una masacre».

Las secuelas de las cirugías bariátricas

Para ahondar en las consecuencias que tienen sobre la salud este tipo de intervenciones, hemos hablado con Carmen (nombre ficticio), una mujer jubilada de sesenta y seis años residente en Cataluña. En diciembre de 2021 se sometió a una técnica bariátrica conocida como *sleeve*, tubo o manga gástrica, en la que se extirpa en torno al 80% del estómago. Carmen había tenido con anterioridad una intervención para trasplantarle el hígado en el año 2008. «Nunca he sido delgada, pero tampoco obesa. Siempre he hecho dietas y mi peso ha sido inestable, pero tras el trasplante tuve que dejar de fumar y entonces sí que engordé un montón, llegué a los 130 kilos. A mí no me preocupaba mucho, y pese a todo no me encontraba físicamente mal, pero el médico me dijo que había desarrollado hígado graso, que tenía que cuidar de mi órgano trasplantado y que mi obligación era bajar de peso. Mis analíticas salían perfectas, pero tenía que ir a menudo a consulta y, para calcular la dosis de inmunosupresores, me pesaban. No veas las caras que me ponían los médicos. Terminé poniéndome a dieta yo misma, sin éxito. Así que el especialista me dijo que me iban a mandar a la unidad de cirugía de obesidad. Yo no llegué allí pensando que iban a operarme, di por hecho que primero me ofrecerían otras opciones, quizá la ayuda de nutricionistas y psicólogos. No fue así. Me pusieron directamente en lista de espera para la cirugía y, durante el año que estuve esperando, me pensé

mucho si hacerlo o no, pero me sentía presiona-
da para aceptar, creí que así cuidaba de mi salud.
Nunca me contaron lo que me pasaría después».

Carmen relata todo lo que ha sucedido tras la cirugía. En algunos momentos no le resulta fácil hablar de ello: «Por supuesto que hay gente que está
encantada con esta intervención, no lo niego. Pero
no es mi caso. Lo único positivo que le reconozco
a esta operación es que tengo más movilidad que
cuando estaba obesa. Pero todo lo demás ha sido
muy negativo. Durante los primeros veinticuatro
meses pierdes muchísimo peso, sobre todo en el
primer año. Adelgazas a base de no comer. Te de-
jan el estómago tan pequeño que no te caben más
de cien gramos de alimento cada vez. Cien gramos
en los que tienes que incluir la verdura y la proteí-
na de cada comida. Tengo que espaciar las tomas.
Me como la ensalada, espero una hora, y después
me como la carne. Y, por supuesto, nada de beber
agua o cualquier líquido, porque entonces ya no
me cabe nada más. Calculo que ingiero unas 800 o
900 calorías al día. Para paliar la desnutrición voy
a tener que complementar mi alimentación con
suplementos vitamínicos y proteicos de por vida.
Algunos en pastillas, otros inyectados. De no hacerlo desarrollaría enseguida anemia u otras enfermedades carenciales».

Pero, además de la desnutrición crónica, Carmen batalla con problemas de salud muy incómodos que han tenido una gran repercusión en su vida. «Yo tenía un sistema digestivo de piedra. Podía comer lo que quisiera y nada me sentaba mal. A consecuencia del *sleeve* he desarrollado una hernia de hiato y un ardor de estómago insoportable. Aunque cene a las siete de la tarde, cuando me llega la hora de acostarme se me hace muy difícil tumbarme en la cama, tengo que dormirme en el sillón, medio erguida. Echarme una siesta después de comer para mí ahora es impensable. Me encuentro tan mal que he dejado de quedar con gente a la hora de las comidas. También sufro diarreas repentinas con mucha frecuencia, con todo lo que eso afecta a tu vida. Al final no te atreves a salir ni a ir a ningún sitio».

Estos efectos secundarios han sido descritos como relativamente habituales en la literatura médica, pero Carmen asegura que jamás le advirtieron sobre ellos. Solo después lo supo: «Cuando le conté todo esto al médico, me dijeron que era una complicación muy frecuente de la cirugía de *sleeve* gástrico. Me han ofrecido hacerme un *bypass* para arreglarlo. Me lo estoy pensando. No soporto seguir viviendo así, me encuentro mal todo el tiempo, pero tampoco sé si otra cirugía va a ser la solución».

El caso de Carmen es especialmente duro, porque, a todo el malestar físico y psicológico que está sufriendo, se ha sumado el inesperado hecho de que ha dejado de perder peso. «En realidad no es tan extraño, porque este tipo de cirugías tienen un fracaso del 40%», cuenta. «He vuelto a engordar pese a que no consumo ni mil calorías diarias». La aparente paradoja tiene una explicación: «Mi médico cree que estoy tan desnutrida que mi cuerpo se afana en convertir en depósitos de grasa todo lo que como. También sospecha que la cirugía ha modificado el funcionamiento de mi organismo y me ha disminuido muchísimo el metabolismo basal. Por eso engordo aunque apenas me alimente. La última vez que fui con la endocrina me animó a hacerme el *bypass* con el argumento de que así perdería más peso. Yo me enfadé un montón. Con todo el sufrimiento que tengo, mi peso me da igual».

Es al ponernos a hacer balance cuando a Carmen le empieza a costar mantener la conversación. «En la época en la que estaba gorda jamás me sentí enferma. Yo siempre he sido muy activa, deportista. Solo perdí algo de movilidad al alcanzar el peso más alto. Pero tras la cirugía me siento enferma todo el tiempo. Me duele muchísimo tener que decir esto, pero a mí no me compensa nada haberme operado. Me arrepiento un montón y nunca se lo recomendaría a nadie. Después de todo lo que me ha pasado he tenido que hacer terapia para asimilarlo, y también voy con una nutricionista no peso-centrista muy buena, que me ha ayudado mucho. Tengo la suerte de poder pagarlo, porque esto no te lo ofrecen en la Seguridad Social. He perdido muchísima calidad de vida. Hablé sobre cómo me siento con mis médicos. Y algunos me han dado la razón. En el fondo, ellos son perfectamente conscientes de lo que nos hacen pasar, pero creo que tampoco tienen medios para hacer las cosas de otra manera. Nadie pesa 130 kilos porque le da la gana, lo que necesitamos son tratamientos más transversales, con psicólogos y nutricionistas. Hay que probar otras cosas antes de ofrecerte una cirugía para mutilarte un órgano sano».

La infrarrepresentación y la violencia estructural: dos problemas que se retroalimentan

Si bien la gordofobia médica tiene, como hemos visto, consecuencias graves y directas en la salud de los pacientes, la discriminación afecta a todos los aspectos de la vida de una persona con sobrepeso. Cristina de Tena ofrece muchísimos ejemplos para ayudar a entenderlo: «Sufrimos violencia en todos los ámbitos. Por ejemplo, sabemos, porque se han hecho numerosos estudios, que es mucho menos probable que nos contraten para un trabajo. Eso es un caso claro de discriminación. O algo que parece una tontería, pero no lo es: que sea mucho más difícil vestirnos y encontrar ropa de nuestra talla. Si salgo desnuda a la calle me llevan detenida, ¿no? Entonces, tendré que poder vestirme. Y no es solo un tema de que a mí me guste ir a la moda, es que si me llaman para una entrevista de trabajo, a lo mejor necesito ir con una americana, con ropa formal. Pero no la encuentro de mi tamaño, y si la encuentras es ropa muy hortera, le ponen a todo volantitos, purpurina, lentejuelas. Con los espacios públicos también tenemos problemas; por ejemplo, los asientos en el metro o en el autobús a veces son muy pequeños. Y esto también parece una tontería, porque te dices 'no pasa nada, voy de pie', pero al final nuestra vida consiste en que me bajo al metro y no quepo en el asiento, llego al bar y no me cabe el culo en la silla, mi familia me regaña todo el tiempo porque les preocupa mi salud, los desconocidos me insultan, voy a una tienda y no tienen ropa para mí, o tengo que ir al apartado señalado como 'tallas especiales', y luego voy a hacer una entrevista de trabajo y ni siquiera me llaman. Y lo que pasa al final es que me quedo en mi casa encerrada y dejo de salir porque estoy recibiendo una violencia estructural muy fuerte».

La representación audiovisual de la diversidad corporal también ha fracasado de manera estrepitosa, y esto a su vez retroalimenta la gordofobia que sufre la gente en su vida cotidiana. Lo explica De Tena: «El último informe del Observatorio de Diversidad Audiovisual refleja el problema con claridad. Más de la mitad de la población tiene un IMC superior a 25 según una encuesta del INE de 2022.

Sin embargo, solo el 8% de las personas que aparecen en las pantallas tienen sobrepeso. Es decir, los gordos no somos una minoría precisamente, pero estamos infrarrepresentados». Por si fuera poco, a menudo los personajes gordos son usados para transmitir y mantener estereotipos erróneos (por ejemplo, el típico personaje encarnado por una actriz gorda cuyo único interés durante la trama es adelgazar) y no son tratados con dignidad, sustentando la idea de que la gordura es inmoral o ridícula.

Para Marco Manrique, hay mucho trabajo que hacer aquí: «Recuerdo un *paper*, un estudio que se hizo con treinta adolescentes en los años noventa en las islas Fiji, justo antes de que llegara allí la televisión. En solo tres años, y a través de la influencia de los medios de comunicación, los jóvenes habían desarrollado una preocupación muy importante por su aspecto físico y su dieta que hasta entonces no existía en aquel lugar».

¿Cómo podemos luchar
contra todo esto?

«Tenemos un problema estructural que hunde sus raíces en el hecho de que el cuerpo se ha convertido en nuestra carta de presentación», explican desde «Nadie hablará de nosotras». «Todo lo que nos rodea es tan líquido y parece desvanecerse con tanta facilidad que lo único que nos queda somos nosotras mismas y nuestro cuerpo. Así que el sistema trata de convencerte de que puedes controlar tu peso y tu cuerpo y que con eso será suficiente, que lo único que necesitas para vivir es tenerte a ti misma. Pero es falso: necesitamos muchas otras estructuras que nos sostengan, estructuras a las que no prestamos atención porque solo podemos pensar en adelgazar».

La psicóloga Laura Alberola habla del proceso de *despertar*: «Creo que a muchas mujeres les es de gran ayuda entender de dónde viene todo esto. Cuando tú te das cuenta, por ejemplo, de que la celulitis es un problema que se inventó una revista del siglo pasado, y piensas en la cantidad de dinero y tiempo que has invertido en intentar dejar de tener celulitis, y caes en la cuenta de que todas las mujeres que conoces tienen celulitis pese a sus esfuerzos por eliminarla... ahí muchas empiezan a entender muchas cosas». Añade: «Yo he dejado de decirles a mis amigas que están guapas por adelgazar o por ir maquilladas. En su lugar les piropeo por su sonrisa, por su cara de felicidad. Una sonrisa no se puede crear con un bisturí ni con una dieta. El cambio empieza por ese tipo de sutilezas, tenemos que dejar de reforzarnos entre nosotras por adoptar la normatividad estética». Y continúa: «La pregunta que tenemos que hacernos es: ¿qué espero conseguir al adelgazar?, ¿qué espero que ocurra una vez que consiga tener un cuerpo delgado?'. Al hablar con mis pacientes, a menudo descubro que todo empezó treinta años atrás, cuando su madre los puso a dieta, o los llevó al endocrino a los doce años. Al final lo que buscas al adelgazar es ser vista. Ser querida. Que te traten bien. Invito siempre a reflexionar sobre qué nos dejamos por el camino al intentar adelgazar para ser válidas. Nos dejamos el dinero, el tiempo, la salud, perdemos relaciones que nos importan. Y nos sentimos cada vez más solas, más tristes y más desconectadas».

Marco Manrique también ha dejado de emitir opiniones sobre el aspecto físico de los demás: «No hay que comentar los cuerpos ajenos. No solo los de las personas con un TCA, sino en general. A menos que se te haya pedido explícitamente tu opinión, hay que dejar de decir esas cosas de 'estás muy delgada', 'has ganado peso', 'cómo te has puesto después de navidades' o 'mira qué patitas tienes'. Por ejemplo, la revista *Cuore* acabó hace unos años con la sección 'Arggg', en la que se publicaban imágenes de celebridades para reírse de su aspecto físico. Reconozco que yo disfrutaba con esas cosas de joven, como cualquiera. Las encontraba graciosas, no me daba cuenta de que aquello era una barbaridad».

Pero no solo los medios de comunicación tienen mucho que hacer, Manrique explica también que tenemos que ser muy conscientes del mensaje que trasladamos a nuestra gente más cercana. «Yo no crecí en un entorno en el que se criticara mi físico, pero sí que veía, por ejemplo, a mis padres muy obsesionados con su propio aspecto, con las dietas, diciendo 'mira qué gordo me he puesto, mira qué michelines'. Estas cosas llegan a los niños o a los jóvenes por ósmosis, tan solo por estar al lado, por estar expuestos a personas que ya están obsesionadas con esto. Entonces, si tú tienes mucha preocupación por tu cuerpo, por tu peso, es muy fácil que se lo traslades a la gente que está a tu alrededor, aunque a ellos no les digas nada directamente. Los niños son los más vulnerables en este sentido, pero los adultos o los adolescentes también son influenciables». También reconoce que piensa a menudo «en todas las mujeres, a menudo adultas o incluso muy mayores, que llevan toda su vida en una dieta perpetua. Ellas creen que lo hacen bien, que todo ese sufrimiento es obligatorio, que la vida tiene que ser eso. Ni se les pasa por la cabeza que lo que tienen es un trastorno. La gordofobia interiorizada lleva a muchas de esas mujeres a regañar a su entorno, a las personas que más quieren. A decirles a sus hijas que no coman tanto, que tengan cuidado, que miren cómo se van a poner. Y no lo hacen por maldad: lo hacen por amor y por preocupación, porque quieren a sus hijos».

Los engranajes del sistema funcionan a pleno rendimiento. Por un lado, casi todos llevamos vidas estresantes que nos enferman, nos deprimen y, en algunos casos, nos hacen engordar, porque no podemos alimentarnos bien, movernos con libertad, socializar, pasar tiempo de calidad fuera del trabajo y mantenernos en contacto con el sol, el aire y la naturaleza.

Innumerables estudios y publicaciones han demostrado que el estrés crónico y la falta de descanso llevan a muchas personas a ganar peso debido al desajuste hormonal que provoca tener el cortisol en rangos elevados de manera permanente. También se sabe que no disponer de tiempo ni recursos para comprar, cocinar y comer con calma cada día tiene repercusiones serias en nuestra salud, más allá del peso. Sin embargo, es mucho más probable que se nos aliente a sufrir desnutrición o hacernos cirugías irreversibles que a sindicarnos y crear movimientos para plantarle cara al jefe autoritario, al trabajo alienante o al casero explotador.

Al mismo tiempo, el propio sistema ha generado una estructura que oprime a las personas con sobrepeso —con independencia de que estén o no sanas— desde todos los flancos imaginables, y equipara la gordura a una grave falta moral que solo puede purgarse a través de un sufrimiento físico y mental intenso.

Se anima, tanto a gordos como a delgados, a machacarse de continuo a través de todo tipo de restricciones alimentarias, que a su vez pueden derivar en trastornos mentales, enfermedades físicas y nuevos aumentos de peso cíclicos. A las personas que no consiguen adelgazar por medio de las dietas, se les ofrecen soluciones patologizantes y con graves efectos secundarios, como los *bypass* o *sleeves* gástricos o las recientes inyecciones del medicamento Ozempic.

Sin embargo, tampoco se salvan de las críticas los pacientes que consiguen alcanzar la normatividad corporal a través de procedimientos médicos, porque incluso entonces se los acusa de «hacer trampas», de no haber querido esforzarse para perder peso, de recurrir a atajos ilícitos. Lo resume Alberola: «Es la cultura de la meritocracia aplicada al mundo de las dietas».

La gordofobia y la cultura de la dieta se encuentran instaladas en nuestra mente, nuestra moral y nuestra manera de estar en el mundo, configuran nuestro imaginario y guían muchas de nuestras elecciones y hábitos cotidianos sin que ni siquiera seamos conscientes de ello. Solo al pararnos a pensar y tomar conciencia de todo lo que hay detrás de nuestras decisiones y de nuestra manera de relacionarnos con los demás podremos empezar a derruir un sistema de creencias tan dañino. Merece la pena intentarlo. Nos van en ello la vida y la salud de la gente que más nos importa.

BIBLIOGRAFÍA Y ALGUNOS RECURSOS

Libros, manuales y guías

Alberola, Laura, *Suelta la dieta, sana tu cuerpo. Libérate de la presión estética y haz las paces contigo*, Barcelona, Bruguera, 2024.

Chang, Melyssa, *Come sin culpa*, Madrid, La Esfera de los Libros, 2023.

Hollander, Mariana den, *La cirugía que más pesa*, Draft2Digital, 2021.

Lobatón, Raquel, *Tu peso no es el problema*, Barcelona, Grijalbo, 2024.

Moreno Pestaña, José Luis, *Moral corporal, trastornos alimentarios y clase social*, Madrid, Centro de Investigaciones Sociológicas, 2010.

—, *La cara oscura del capital erótico. Capitalización del cuerpo y trastornos alimentarios*, Barcelona, Akal, 2016.

Piñeyro Bruschi, Magdalena, *Guía básica sobre gordofobia. Un paso más hacia una vida libre de violencia*, Las Palmas de Gran Canaria, Gobierno de Canarias / Instituto Canario de Igualdad, 2020; accesible en la red.

Resch, Elyse, y Evelyn Tribole, *The Intuitive Eating Workbook*; trad. de David N. M. George, *El manual de la dieta intuitiva*, Barcelona, Ediciones Obelisco, 2020.

—, trad. de David N. M. George, *Intuitive Eating* (1996); trad. de Inmaculada Morales Lorenzo, *Alimentación intuitiva: El retorno a los hábitos alimentarios naturales*, Madrid, Gaia Ediciones, 2021.

Sabrina Strings, *Fearing the black body: The Racial Origins of Fat Phobia*, Nueva York, New York University Press, 2019.

Sonia Renee Taylor, *The Body Is Not an Apology* (2018); trad. de Begoña Martínez Pagán, *El cuerpo no es una disculpa: El poder del autoamor radical*, Santa Cruz de Tenerife, Melusina, 2021.

Noami Wolf, *The Beauty Myth: How Images of Beauty Are Used Against Women* (1990); trad. de Matilde Pérez, *El mito de la belleza*, Continta Me Tienes, 2020.

Podcasts

Proyecto «Nadie hablará de nosotras», de Cristina de Tena y Lara Gil (bajo el mismo nombre se incluyen el *podcast*, el *show* musical y los talleres realizados a través de la asociación).

El podcast gordo, de Blanca Rodríguez y Amanda Vázquez.
Gorda Tú, *podcast* de Jessica Rosa

Asociaciones provinciales para ayudar a pacientes con TCA

Se puede encontrar y consultar el contacto de todas las asociaciones a través de FEACAB (Federación Española de Asociaciones de Ayuda y Lucha contra la Anorexia y la Bulimia Nerviosa).

Activistas contra la gordofobia

Bloke Gorde. Espacio político no mixto en Vallecas.